RESURRECCIÓN
UNA CONFESIÓN DE FE

Colección Deluxe

Por
Neville Goddard
Imaginatio Divina Media

Publicado en 2024 por Imaginatio Divina Media.

Sitio web: www.imaginatiodivinamedia.com

ISBN: 979-8-3305-1913-2

Contenido

RESUMEN
DE *RESURRECCIÓN* :

"Resurrección", de Neville Goddard, ahonda en sus ideas místicas y metafísicas sobre el poder de la imaginación como fuerza que da forma a la realidad. En el centro de la filosofía de Goddard está la idea de que la imaginación no es sólo un ejercicio mental, sino el mecanismo divino de creación dentro de cada individuo. Goddard argumenta que al imaginar y experimentar vívidamente los propios deseos como si ya fueran reales, uno se alinea con la voluntad divina, manifestando efectivamente sus deseos en el mundo físico.

Goddard presenta el concepto de "Cristo interior" como el verdadero yo creativo de una persona, subrayando que los acontecimientos y figuras bíblicos son representaciones simbólicas de estados espirituales que todo el mundo puede experimentar. Interpreta la vida, muerte y resurrección de Jesús como metáforas del viaje del individuo hacia la realización de su naturaleza divina. A través de la imaginación y la fe, uno puede despertar a su divinidad inherente, transformando su mundo externo para reflejar sus convicciones y creencias internas.

La obra anima a los lectores a "resucitar" su yo ideal encarnando constantemente los pensamientos, sentimientos y visiones de su realidad deseada, promoviendo una vida de empoderamiento y creación intencional.

CONTEXTO MODERNO
DE *RESURRECCIÓN* :

Los principios de Neville Goddard, cuando se sitúan en un contexto moderno, se alinean con varios temas contemporáneos como la neurociencia del pensamiento positivo, la atención plena y la ley de la atracción, haciendo que sus enseñanzas sean accesibles y relevantes para los lectores de hoy.

1. Neurociencia del pensamiento positivo: La investigación en neuroplasticidad demuestra que nuestros pensamientos pueden alterar físicamente la estructura y el funcionamiento del cerebro. La afirmación de Goddard de que "la imaginación crea la realidad" se hace eco de ello, ya que el cerebro no distingue bien entre la imaginación vívida y la experiencia real. Este concepto apoya la idea de que visualizando constantemente resultados positivos, podemos "recablear" nuestro cerebro hacia esas realidades, reforzando los comportamientos y resultados deseados a lo largo del tiempo.

2. Atención plena: La práctica de Goddard de sentir que un deseo ya se ha cumplido es un ejercicio de atención plena en la conciencia del momento presente. La atención plena anima a las personas a centrar su atención en el aquí y el ahora sin juzgar. Al fomentar este sentido de inmediatez y presencia, los lectores pueden cultivar un poderoso estado de "vivir al final", en el que experimentan las emociones asociadas a sus deseos como si ya se hubieran realizado.

3. Ley de la atracción: La ley de la atracción está profundamente alineada con la creencia de Goddard de que nuestro estado interior se refleja exteriormente en nuestras vidas. En esencia, enseña que "lo semejante atrae a lo semejante", postulando que los pensamientos y sentimientos dominantes magnetizan experiencias similares. Este principio de atracción de experiencias que coinciden con nuestras creencias internas constituye la base del enfoque de Goddard, que ofrece un marco espiritual y psicológico para comprender cómo las intenciones y las creencias moldean la realidad.

Al conectar estos conceptos atemporales con la ciencia del pensamiento y la atención plena moderna, las enseñanzas de Goddard proporcionan un puente entre la espiritualidad y la investigación científica, atrayendo a aquellos que buscan prácticas basadas en la evidencia en su crecimiento espiritual.

RESURRECCIÓN

Por Neville Goddard
(1966)

"Después que Juan fue arrestado, Jesús vino a Galilea predicando el evangelio de Dios y diciendo: El tiempo se ha cumplido y el Reino de Dios está cerca; arrepentíos y creed en el evangelio."

MARCOS 1:14-15

El ministerio de Jesús comenzó después de que el de Juan terminara en Judea.

"Jesús, cuando comenzó su ministerio, tenía unos treinta años".

LUCAS 3:23

La tierra de los siglos había sido arada y rastrillada para el evangelio de Dios. Y los hombres comenzaron a experimentar el plan de salvación de Dios.

Los autores del Evangelio de Dios son anónimos, y todo lo que realmente podemos saber sobre ellos debe derivarse de nuestra propia experiencia de las Escrituras. Su autoridad no estaba en las escrituras como un código escrito muerto, sino en su propia experiencia de las escrituras. Su evangelio no era una nueva religión, sino el cumplimiento de una tan antigua como la fe de Abraham.

"Y la Escritura, previendo que Dios justificaría a los paganos por la fe, anunció de antemano el evangelio a Abraham".

(Gal. 3:8)

Y Abraham creyó a Dios y vivió de acuerdo con la previsión de la historia de la salvación que Dios le concedió.

Los autores desconocidos del Evangelio subrayan el cumplimiento de la Escritura en la vida de Jesucristo. Cristo en nosotros cumple la Escritura.

"¿No os dais cuenta de que Jesucristo está en vosotros?".
(2 Cor. 13:5)

"He sido crucificado con Cristo; ya no vivo yo, es Cristo quien vive en mí".
(Gal. 2:20)

"Porque si hemos estado unidos a Él en una muerte semejante a la suya, ciertamente estaremos unidos a Él en una resurrección semejante a la suya."
(Rom. 6:4)

La repetición en nosotros, a través de Su inhabitación, ha sido expresada por Johann Scheffler, un místico del siglo XVII.

"Aunque Cristo mil veces nazca en Belén, si no nace en ti, tu alma sigue desamparada".
EDWARD THOMAS

"Y les dijo: ¡Oh insensatos y tardos de corazón para creer todo lo que han dicho los profetas! ¿No era

necesario que el Cristo padeciera estas cosas y entrara en su gloria?' Y comenzando por Moisés y por todos los profetas, les interpretó en todas las Escrituras lo que de Él se refería... era necesario que se cumpliera todo lo que está escrito de Mí en la ley de Moisés y en los profetas y en los salmos. Entonces les abrió el entendimiento para que comprendieran las Escrituras".
(Lucas 24:25-27, 44-45)

"Y leían del libro, de la ley de Dios, con interpretación, y daban el sentido, de modo que el pueblo entendía la lectura".
(Nehemías 8:8)

El Antiguo Testamento es un plano profético de la vida de Jesucristo. El Evangelio de Dios es la revelación del futuro concedida a Abrahán.

"Abraham se regocijó porque iba a ver Mi día".
(Juan 8:56)

Se trata de Cristo resucitado. La participación en la vida de la era venidera depende del acto de Dios de resucitar a los muertos. La resurrección de Jesucristo es la victoria de Dios. Que seremos "unidos a Él en una resurrección semejante a la suya" es la promesa de la victoria de Dios para todos.

Pero antes del día de la victoria, el hombre debe ser refinado en el horno de la aflicción.

"Os he probado en el horno de la aflicción. Por amor a Mí mismo, por amor a Mí mismo lo hago, porque ¿cómo ha de ser profanado Mi Nombre? Mi gloria no daré a otro"
(Isaías 48:10-11)

Se necesita el horno de la aflicción para conformarnos a la imagen de Su Hijo, y por tanto a la imagen del Padre, pues el Padre y el Hijo son uno.

"Entonces vinieron a él todos sus hermanos y hermanas y todos los que le habían conocido antes... y le consolaron por todo el mal que el Señor había traído sobre él.... Y el Señor bendijo los últimos días de Job más que su principio"
(Job 42:11-12)

La historia de Job es la historia del hombre, víctima inocente de un cruel experimento por parte de Dios.

"Y dijo Dios: 'Hagamos al hombre a nuestra imagen'".
(Gén. 1:26)

Sin embargo, "considero que los sufrimientos del tiempo presente no son comparables con la gloria que ha de manifestarse en nosotros" (Rom. 8:18) y esa gloria es nada menos que la revelación de Dios Padre en nosotros, como nosotros.

Nada puede sustituir al testimonio personal del plan de salvación de Dios. El plan del misterio es inherente a la creación. Lo que tan proféticamente se dice al mundo en el Antiguo Testamento se realiza en la propia personalidad. Todo me fue predicho, pero nada pude prever, pero aprendí quién es realmente Jesucristo después de que la historia se representó de nuevo en mí.

El hombre que ha experimentado la Escritura no puede eludir la responsabilidad de contar su significado a sus semejantes. Los desconocidos escritores del Evangelio de Dios no describían situaciones y acontecimientos del pasado como historiadores. Su historia de Jesucristo es su propia experiencia del plan de redención de Dios como hombres que ellos mismos habían experimentado la redención.

Relataron sus propias experiencias. Son testigos de primer orden que dan testimonio de la verdad de la Palabra de Dios, sin dudar en interpretar el Antiguo Testamento según sus propias experiencias sobrenaturales.

Habiendo experimentado la historia de la salvación, puedo añadir mi testimonio al suyo y decir que todo se hace como ellos lo han contado. Sus experiencias, así atestiguadas, confrontan a los hombres con la responsabilidad de aceptar o rechazar su interpretación del Antiguo Testamento. Su testimonio debe ser escuchado y respondido. Uno debe experimentar la

Escritura por sí mismo antes de poder empezar a comprender lo maravillosa que es. No dan cuenta de la aparición personal de Jesús, porque cuando la historia de la salvación se recree en el hombre, éste sabrá que "Yo soy"[Lucas 22:70; Juan 4:26; 8:18; 8:24; 8:28; 13:19; 18:5,6].

"El que está unido al Señor se hace un solo espíritu con Él".
(1 Co. 6:17).

"Siendo en forma de Dios... se despojó a Sí mismo, tomando forma de siervo, nacido en semejanza de hombre. Y hallándose en forma humana, se humilló a sí mismo, haciéndose obediente hasta la muerte, y muerte de cruz."
(Fil. 2:6-8)

Abdicó de su forma divina y asumió la forma de un esclavo. No se limitó a disfrazarse de esclavo, sino que se hizo uno, sujeto a todas las debilidades y limitaciones humanas. El Dios que entró por la puerta de la muerte, la calavera humana, el Gólgota, es ahora el Salvador del mundo. Dios es nuestra salvación.

"Nuestro Dios es Dios de salvación; y a Dios, el Señor, pertenece el escapar de la muerte".
(Sal. 68:19-20)

"Si no muero, no puedes vivir; Pero si muero, resucitaré y tú conmigo".

[Jerusalén de William Blake, capítulo 4: lámina 96].

El grano de trigo expone el misterio de la vida a través de la muerte.

"Si el grano de trigo no cae en tierra y muere, queda solo; pero si muere, da mucho fruto".
(Juan 12:24)

Este es el secreto del plan de salvación de Dios. Dios alcanza Su propósito autolimitándose, contrayéndose para expandirse. Dios mismo entra por la Puerta de la Muerte, mi cráneo, y se acuesta en la Tumba conmigo. Y con perdón de William Blake:

**"No puedo saber qué se me ha hecho,
Y si me lo preguntas lo juraré.
Ya sea bueno o malo, nadie tiene la culpa:
Sólo Dios puede tomar el orgullo, sólo Dios la vergüenza"**.

"Y estoy seguro de que el que comenzó en mí la buena obra, la perfeccionará en el día de Jesucristo".
(Fil. 1:6)

Cuando se forma en mí la imagen del Inengendrado, entonces Aquel que durante tanto tiempo estuvo fuertemente enrollado en mí, se desenrolla, y yo soy Él.

"Nadie subió al Cielo, sino el que descendió del Cielo, el Hijo del Hombre".
(Juan 3:13)

Dios mismo descendió voluntariamente a Su tumba Gólgota, mi cráneo.

"Yo pongo Mi vida, para volverla a tomar. Nadie Me la quita, sino que Yo la pongo por Mi propia voluntad".
(Juan 10:17-18)

Porque tu Creador es tu esposo, el Señor de los ejércitos es Su Nombre.
(Isa. 54:5)

Y,

"Se une a su mujer y se convierten en una sola carne".
(Gén. 2:24)

Pues,

"El que se une al Señor se hace un solo Espíritu con Él".

"Por tanto, lo que Dios ha unido, que no lo separe el hombre".
(Marcos 10:9)

El hombre es emanación de Dios, pero su esposa hasta que pase el sueño de la muerte.

¡Despiértate! ¿Por qué duermes, Señor? ¡Despierta!
(Sal. 44:23)

Cuando despierte, "Yo soy Él". Dios se acostó dentro de mí para dormir, y mientras dormía soñó un sueño; soñó que Él es Yo y que cuando despierte Yo soy Él.

Pero, ¿cómo sé que yo soy Él? Por la revelación de Su Hijo David, que en el Espíritu me llama Padre.

"Yo soy el camino, y la verdad, y la vida; nadie viene al Padre, sino por Mí... El que me ha visto a Mí, ha visto al Padre".
(Juan 14, 6-9)

La unión con Cristo resucitado es el único camino hacia el Padre. Porque "Cristo y el Padre son uno" (Juan 10:30). El camino conduce a través de la muerte a la vida eterna.

La búsqueda del hombre de Cristo como autoridad en la que puede confiar, a la que puede respetar, a la que puede someterse, es su anhelo del Padre que vive en él, de Ese mismo Padre que el Cristo del Evangelio dice ser. El Cristo del Evangelio es el Padre Eterno en el hombre. Este anhelo del Padre es el grito del hombre con que termina el Nuevo Testamento.

"¡Ven, Señor Jesús!"
(Ap. 22:20)

"¿No os dais cuenta de que Jesucristo está en vosotros?".
(2 Cor. 13:5)

"¿Y en Él habita corporalmente toda la plenitud de la deidad?" (Col. 2:9), no figurativamente, sino genuinamente en un cuerpo. Este es "el misterio escondido desde los siglos y edades, que es Cristo en vosotros, la esperanza de gloria".
(Col. 1:26,27)

El conocimiento imperfecto de Jesús ha cegado al hombre ante la verdadera naturaleza del Padre. El Señor Jesús es Dios Padre que se hizo hombre para que el hombre se convirtiera en el Señor Jesús, el Padre. Las investigaciones de los historiadores no pueden dar a conocer quién es el Padre.

"Nadie puede decir 'Jesús es el Señor' si no es por el Espíritu Santo".
(1 Cor. 12:3)

La meta del hombre es encontrar al Padre, pero Dios Padre sólo se da a conocer a través de Su Hijo.

"Nadie conoce al Hijo sino el Padre, y nadie conoce al Padre sino el Hijo y aquel a quien el Hijo se lo quiera revelar".

(Mt. 11:27)

Sólo el Padre y el Hijo se conocen mutuamente. "No llaméis Padre vuestro a nadie en la tierra, porque uno solo es vuestro Padre, el que está en los Cielos" (Mt. 23:9) y el Cielo está "dentro de vosotros" (Lc. 17:21).

Y David dijo: "Yo contaré el decreto del Señor; Él me dijo: 'Tú eres mi hijo, hoy te he engendrado'" (Sal. 2:7). La filiación divina de David es única en su género y totalmente sobrenatural. Nació "no de sangre, ni de voluntad de carne, ni de voluntad de varón, sino de Dios" (Jn 1, 13).

El Padre sólo será encontrado por el hombre en una experiencia en primera persona del singular y en tiempo presente, cuando David en el Espíritu le llame Padre, es decir, Señor mío. Jesús les hizo una pregunta: "¿Qué pensáis del Cristo? ¿De quién es Hijo?". Ellos le respondieron: "El hijo de David". Él les dijo: "¿Cómo, pues, David, en el Espíritu, le llama Señor...? Si David así le llama Señor, ¿cómo es Hijo suyo?". (Mt. 22:41-45).

En el pensamiento hebreo, la historia consiste en todas las generaciones de los hombres y sus experiencias fundidas en un gran todo y este tiempo concentrado, en el que se funden todas las generaciones, y del que brotan, se llama "Eternidad." La Escritura afirma que:

"Dios ha puesto la eternidad en la mente del hombre, pero de tal manera que el hombre no puede averiguar lo que Dios ha hecho desde el principio hasta el fin".
(Ecc. 3:11)

La palabra hebrea para "eternidad" significa también "juventud, mozalbete, joven".

Saúl vio a David y dijo a Abner: "¿De quién es hijo este joven... ¿Inquiere de quién es hijo el mozalbete?". Luego volviéndose a David dijo: "¿De quién eres hijo, joven?" Y David respondió: "Soy hijo de tu siervo Jesé, el betemita" (1 Sam. 17:55-58). ¿De quién es hijo...? Nótese que en todos los pasajes (1 Sam. 17:55,56,58; Mat. 22:42), la pregunta no se refiere al hijo, sino a su Padre. El Padre dado a conocer por David es el Padre eternamente verdadero.

Es en nosotros como personas donde se revela Dios Padre. David dijo: "Yo soy hijo de Jesé". Jesé es cualquier forma del verbo ser. La respuesta de David fue "Yo soy hijo de Aquel Cuyo Nombre es "YO SOY". Yo soy hijo del Señor".

Uno de los nombres de Dios es el nombre que le dio a Moisés. "Di al pueblo de Israel: 'YO SOY me ha enviado a vosotros'" (Éxo. 3:14). Él es el Eterno "YO SOY". La primera revelación que Dios hace de Sí mismo es como "Dios Todopoderoso" (Éxo. 6:3). Su segunda revelación de Sí mismo es como "El Eterno YO SOY" (Éxo. 3:14).

Su revelación final es como "el Padre" (Juan 17). Sólo el Hijo puede revelar a Dios como Padre. "Nadie (es decir, ningún ojo humano) ha visto jamás a Dios; el Hijo unigénito, que está en el seno del Padre, Él le ha dado a conocer" (Juan 1:18).

Es Dios mismo, el Eterno YO SOY, y Su Hijo unigénito, el eterno joven David, quienes entraron en la mente del hombre. Al final de su viaje a través de los fuegos de la aflicción en esta Edad de la muerte Eterna, el hombre encontrará a David y exclamará:

"He encontrado a David... Él clamará a Mí: Tú eres mi Padre, mi Dios, y la Roca de mi salvación".
(Sal. 89:20,26)

No me revelo a mí mismo directamente como Dios o como Jesucristo, sino por implicación paralela a la Escritura, cuando David en el Espíritu me llama Padre. Y esta sabiduría interior es sin incertidumbre.

"Cuando plugo a Dios revelar en mí a su Hijo, no lo conferí con carne y sangre".
(Gal. 1:15-16)

Al hombre en quien se aparece el Hijo de Dios le resulta difícil convencer a los demás de la realidad de la revelación, porque estas experiencias sobrenaturales de la Escritura tienen lugar en un ámbito de acción demasiado alejado de nuestra experiencia común. Todo el drama pertenece a un mundo mucho más real y vital que el que habita el intelecto para que la imaginación histórica lo comprenda.

"¡Oh, si os lo contara, seguro que lo creeríais!
¡Oh, si sólo dijera lo que he visto!
¿Cómo podría decirlo o cómo podríais recibirlo?
¿Cómo, hasta que os lleve donde yo he estado?"
F. W. H. Myers

Esta entrada en la relación Padre-Hijo es verdaderamente por la Gracia de Dios.

"Porque de tal manera amó Dios al mundo, que ha dado a su Hijo unigénito"(Juan 3:16).

Era el plan eterno de Dios entregarse al hombre. Y es el Hijo, llamándole Padre, quien le asegura que Él es realmente el Padre.

Cuando David en el Espíritu le llama Padre, no pierde su individualidad distintiva ni deja de ser el yo que era antes, sino que ese yo incluye ahora un yo mucho mayor, que no es otro que Jesucristo, a quien David en el Espíritu llamó "Señor." ¡El hombre es heredero de una Promesa y de una Presencia!

"Abraham, habiendo soportado pacientemente, obtuvo la promesa".
(Heb. 6:15)

La gracia es la expresión final del amor de Dios en acción que el hombre experimentará cuando el Hijo se revele en él, y que a su vez revele al hombre como Padre.

La autoridad que subyace en la historia de Jesucristo es un doble testimonio: el testimonio interior del Padre y el testimonio exterior de la Escritura. Dios mismo vino, y viene, a la historia humana en la persona de Jesús encarnado dentro de nosotros. Esto será confirmado por los "signos", que serán experimentados por el hombre tal como está predicho en la Escritura.

El Padre que mora en Mí hace Sus obras. Creed que Yo estoy en el Padre y el Padre en Mí; o bien creed por las obras mismas. En verdad, en verdad os digo que el que cree en Mí hará también las obras que Yo hago; y mayores obras que éstas hará, porque Yo voy al Padre. (Juan 14:10-12)

"Yo vine del Padre y he venido al mundo; otra vez dejo el mundo y voy al Padre".
(Juan 16:28)

"Yo y el Padre somos uno".
(Juan 10:30)

La Visión de Dios se concede a quienes han tenido la revelación del Padre en la vida de Jesús encarnado en ellos, cuando el Hijo unigénito David les llama Padre.

Sólo cuando los "signos" se convierten en nuestra experiencia se cumple en nosotros el propósito de Dios y, por tanto, el de la Escritura.

"Es necesario que la Escritura se cumpla en Mí... porque lo que está escrito acerca de Mí tiene su cumplimiento".
(Lucas 22:37)

Dios se entregó a todos nosotros, a cada uno de nosotros. Y es Su Hijo unigénito David, en el Espíritu, llamándonos Padre, quien nos asegura que realmente es así.

"Si el Hijo os hace libres, seréis verdaderamente libres" (Juan 8:36).

"Cuando David volvía de matar al filisteo... con la cabeza del filisteo en la mano, Saúl le dijo: "¿De quién eres hijo, joven?"". (1 Sam. 17:57,58) pues no conocía al padre de David, a quien había prometido (1 Sam. 17:25) hacer libre en Israel. El rey había prometido hacer libre al padre del hombre que destruyó al enemigo de Israel.

No debemos ignorar el carácter personalísimo y sobrenatural del plan de salvación de Dios. El cumplimiento del plan tiene lugar en el hombre; es inaugurado por el acontecimiento llamado "Su resurrección de entre los muertos" [Hch 26,23; Rm 1,4 etc.].

"Hemos nacido de nuevo... por la resurrección de Jesucristo de entre los muertos".
(1 Pedro 1:3)

Es Cristo en ti -tu YO SOY- quien ha resucitado. La resurrección marca el comienzo de la liberación de Jesucristo Padre del cuerpo de pecado y muerte, y Su regreso a Su cuerpo divino de Amor, la forma humana divina.

Este era el propósito del Señor desde el principio "que Él estableció en Cristo como un plan para la plenitud de los tiempos" (Ef. 1:9,10).

"El Señor de los ejércitos ha jurado: Como lo he planeado, así será, y como lo he propuesto, así permanecerá".
(Isa. 14:24)

Vive y actúa con la seguridad de que Dios ha llevado a cabo Su plan y sigue haciéndolo. Dios mismo vino, y viene, a la historia humana en la persona de Jesucristo en ti, en mí, en todos. Dios despertó en los autores anónimos de los evangelios, y sigue despertando en el hombre individual. Cree en su testimonio; no busques nuevas vías de acceso a una meta ya alcanzada.

Tal vez la mejor descripción de los escritores desconocidos del evangelio de Dios se da en las palabras:

"Lo que... hemos oído, lo que hemos visto con nuestros ojos, lo que hemos contemplado, y nuestras manos han tocado, de la Palabra de vida.... Lo que hemos visto y oído os lo anunciamos".
(1 Juan 1:1-3)

La fe no está completa hasta que se ha convertido en experiencia. Es esencial que aquellos cuyos ojos han visto y cuyas manos han manejado la Palabra de vida, sean enviados y sean conscientes de sí mismos como enviados, para declararla al mundo.

Es el Cristo resucitado, el dos veces nacido, quien dice:

"Llevad mi yugo sobre vosotros y aprended de mí... y hallaréis descanso para vuestras almas".
(Mt. 11:29)

Él ofrece Su conocimiento de las Escrituras basado en Su propia experiencia, por el de otros basado en especulaciones. Acepta Su oferta. Y evitará que te pierdas entre las enmarañadas especulaciones que pasan por verdad religiosa. Y te mostrará el único camino al Padre.

El hombre que es enviado a predicar el evangelio de Dios es primero llamado, y llevado en Espíritu a la asamblea divina donde los dioses celebran el juicio.

"Dios ha tomado su lugar en el consejo divino; en medio de los dioses celebra juicio".
(Sal. 82:1)

La palabra hebrea Elokim es plural, una unidad compuesta, una formada por otras. En esta frase se traduce como Dios y dioses. El hombre llamado es llevado ante el Elokim, el Cristo resucitado. Se le pide que nombre la cosa más grande del mundo; él responde con las palabras de Pablo: "la fe, la esperanza y el amor, estos tres; pero el mayor de ellos es el amor" (1 Cor. 13:13). En ese momento, Dios le abraza, y se funden y se hacen Uno. Porque "el que está unido al Señor se hace un solo espíritu con Él" (1 Co. 6:17).

"Así que ya no son dos, sino uno. Por tanto, lo que Dios ha unido, que no lo separe el hombre".
(Mt. 19:6)

Los hombres son llamados uno a uno a unirse en un solo Hombre, que es Dios.

"El Señor trillará el grano, y seréis reunidos uno a uno, pueblo de Israel".
(Is. 27, 12)

Esta unión con Cristo resucitado es el bautismo con el Espíritu Santo. Desde su bautismo con el Espíritu Santo hasta su resurrección, caen los "días del Mesías" [Talmud de Babilonia: Sanedrín 98], un período de treinta años. Durante este período, está tan abrumadoramente enamorado de su misión, como mensajero y predicador del Evangelio de Dios, un Evangelio que le ha impuesto tal obligación que no puede hacer otra cosa, que siente que "si predico el Evangelio, eso no me da motivo para jactarme. Porque la necesidad me obliga. Ay de mí si no predico el Evangelio!". (1 Cor. 9:16).

Una compulsión divina le impulsa como a Jeremías, que dijo:

"Si digo: 'No lo mencionaré, ni hablaré más en su nombre', hay en mi corazón como un fuego ardiente encerrado en mis huesos, y estoy cansado de contenerlo, y no puedo'".
(Jer. 20:9)

El final de este período de treinta años llega con una brusquedad tan dramática que no tiene tiempo para observar su llegada.

"Jesús, cuando comenzó su ministerio, tenía unos treinta años".
(Lucas 3:23)

Ahora la historia de Jesucristo se desarrolla en él en una serie de experiencias de lo más personales, en primera persona del singular y en tiempo presente. La serie completa de acontecimientos dura tres años y medio. Comienza con su resurrección y nacimiento de lo alto.

**"Los muertos oyeron la voz del niño Y comenzaron
a despertar del sueño:
Todas las cosas oyeron la voz del niño
Y comenzaron a despertar a la vida".**
William Blake

Mientras duerme en su lecho y sueña con la sociedad
redimida de una ciudad "llena de niños y niñas que
juegan en sus calles" (Zac. 8:5), una intensa vibración
centrada en la base de su cráneo le despierta:

**"Despierta, dormilón, y levántate de entre los
muertos, y te alumbrará Cristo".**
(Ef. 5:14)

Al despertar, descubre que no está en la habitación
donde se durmió, sino en su propio cráneo (Gólgota).
Su cráneo es una tumba completamente sellada. No
sabe cómo ha llegado allí, pero su único deseo es salir.
Empuja la base de su cráneo y algo rueda dejando una
pequeña abertura. Mete la cabeza por la abertura y sale
centímetro a centímetro de la misma manera que un
niño nace del vientre de su madre. Mira el cuerpo del
que acaba de salir. Tiene la cara pálida, está tumbado
boca arriba y mueve la cabeza de un lado a otro como
quien se recupera de una gran prueba.

**"Estarás triste, pero tu tristeza se convertirá en
alegría. Cuando una mujer está de parto, tiene
tristeza, porque ha llegado su hora; pero cuando da**

a luz, ya no se acuerda de la angustia, porque se alegra de que haya nacido un niño en el mundo." (Juan 16:20,21)

"Porque allí el Niño nace en alegría Que fue engendrado en funesta aflicción; Así como nosotros Cosechamos en alegría el fruto Que en amargas lágrimas sembramos".
William Blake

"Es necesario nacer de lo alto".
(Juan 3:7)

"La Jerusalén de arriba es libre, y es nuestra madre".
(Gal. 4:26)

El cráneo que era su tumba se convirtió en el vientre del que nace de nuevo. La vibración dentro de su cráneo que le despertó del sueño, parece venir ahora de fuera, suena como un gran viento. Gira la cabeza en la dirección del viento. Al volver la vista hacia donde estaba su cuerpo, se sorprende al ver que éste ha desaparecido, pero en su lugar se sientan tres hombres.

Esta experiencia que se le presenta será el cumplimiento de la promesa hecha a Abraham.

"Y se le apareció el Señor... Levantó los ojos y miró, y he aquí tres hombres que estaban delante de él... Le dijeron: '¿Dónde está Sara, tu mujer? Y él

respondió: 'Está en la tienda'. Él dijo: 'Ciertamente volveré a ti según el tiempo de la vida; y Sara, tu mujer, tendrá un hijo'... Abraham llamó el nombre de su hijo que le nació... Isaac ("se ríe")".
(Gén. 18:1,2,9,10; 21:3)

Los tres hombres aparecieron de repente, no se les había visto acercarse. Abraham no se da cuenta inmediatamente de la importancia de esto. Son hombres corrientes que se han cruzado en su camino por casualidad. También a ellos les molesta el viento. El más joven de los tres es el más perturbado y se acerca a investigar el origen de la perturbación. Le llama la atención un bebé envuelto en pañales que yace en el suelo. Lo coge en brazos y, proclamando que es el hijo del resucitado, lo deposita sobre la cama. Entonces el hombre levanta al bebé en brazos y le dice: "¿Cómo está mi amorcito?". El niño sonríe y el primer acto llega a su fin.

"Y en aquella región había pastores en el campo... Y se les apareció un ángel del Señor... Y el ángel les dijo: 'No temáis; porque he aquí os anuncio una gran alegría, que llegará a todo el pueblo; porque os ha nacido hoy, en la ciudad de David, un Salvador, que es Cristo el Señor. Y esto os servirá de señal: encontraréis a un niño envuelto en pañales y acostado en un pesebre'".
(Lucas 2, 8-12).

Dios nace, pues Dios es llamado Salvador (Is 43,3; 45,15; Lc 1,47).

Después de la revelación, el hombre busca en las escrituras antiguas insinuaciones y prefiguraciones de su experiencia sobrenatural, y al encontrarlas allí, sabe que:

"Todo me fue predicho: nada pude prever: Pero aprendí cómo sonaría el viento Después de que estas cosas sucedieran".
Edward Thomas

El carácter imprevisible del curso del viento ilustra tanto más fácilmente la espontaneidad del nacimiento divino cuanto que, tanto en griego como en hebreo, la palabra se utiliza tanto para viento como para espíritu.

El plan del Señor está descrito en la Escritura antigua, pero no puede conocerse realmente hasta después de haber sido experimentado por el individuo. Dios ha hablado, y lo que ha predicho está escrito allí para que todos lo entiendan.

Pero Su profecía aparece bajo una luz muy diferente en perspectiva de lo que se ve en retrospectiva.

Cada uno sabrá que Jesucristo es el Padre a la luz de su propia experiencia del Misterio cristiano.

"En estos últimos días nos ha hablado por su Hijo"
(Hebreos 1:2).

Cinco meses después de que el hombre resucita y nace
de lo alto, una vibración similar a la que inició el primer
acto comienza en su cabeza. Esta vez se centra en la
parte superior de la cabeza. Aumenta en intensidad
hasta que explota. Tras la explosión, se encuentra
sentado en una habitación modestamente amueblada.
Apoyado en el lateral de una puerta abierta, y
contemplando una escena pastoral, está su hijo David,
de fama bíblica. Se trata de un joven adolescente. David
se dirige a él como "Padre mío". El resucitado sabe que
es el Padre de David, y David sabe que es su Hijo. Dos
hombres miran a David con lujuria y el Padre les
recuerda la victoria de su Hijo sobre el gigante filisteo.
Y mientras está sentado y contempla la belleza
sobrenatural de su Hijo, el segundo acto llega a su fin.
Dios Padre se entregó al hombre para que el hombre
se convirtiera en Dios Padre.

**"Contaré el decreto del Señor: Él me dijo: 'Tú eres
mi Hijo, hoy te he engendrado'".**
(Sal. 2:7)

El tercer acto se desarrolla cuatro meses después de
que se haya revelado la relación Padre-Hijo. Es
dramático de principio a fin. Un rayo parte el cuerpo del
resucitado desde la parte superior del cráneo hasta la
base de la columna vertebral. Ahora se le abre el
camino nuevo y vivo a través de la cortina, es decir, a

través de su cuerpo. La revelación es siempre en términos personales, y los agentes humanos de la revelación de Dios nunca son suprimidos al nivel de lo impersonal.

"Por eso, cuando vino al mundo, dijo: 'Sacrificios y ofrendas no has querido, sino un cuerpo me has preparado; en holocaustos y expiaciones no te has complacido'. Entonces dije: 'He aquí que vengo, oh Dios, para hacer tu voluntad, como está escrito de mí en el rollo del libro'".
(Heb. 10:5-7; se cita Sal. 40:6-8)

La voluntad de Dios está hecha. Dios debe salvar y sólo Dios. En la base de su columna, ve un charco de luz líquida dorada y sabe que es él mismo. Ahora tiene "confianza para entrar en el santuario por la sangre de Jesús, por el camino nuevo y vivo que Él nos abrió a través de la cortina, es decir, a través de Su carne" (Heb. 10:19,20). Al contemplar el estanque de luz líquida dorada, la sangre de Dios, el agua viva, se funde con ella y sabe que es él mismo, su divino Creador y Redentor. Ahora, como un rayo en espiral, asciende por su columna vertebral entrando violentamente en el santuario celestial de su cráneo. Su cabeza resuena como un trueno.

"Y como Moisés levantó la serpiente en el desierto, así tiene que ser levantado el Hijo del hombre".
(Juan 3:14)

"Desde los días de Juan el Bautista hasta ahora el Reino de los Cielos ha venido violentamente, y los hombres violentos lo toman por la fuerza".
(Mateo 11:12)

A tales hombres ha llegado la nueva era.

Dos años y nueve meses más tarde, cumplidos los tres años y medio del ministerio de Jesús, el cuarto y último acto del drama de la salvación llega a su clímax.

"Y descendió sobre él el Espíritu Santo en forma corporal, como paloma, y vino una voz del cielo: 'Tú eres mi Hijo amado; en ti tengo complacencia'".
(Lucas 3:22)

La cabeza del resucitado se vuelve de repente translúcida. Por encima de él, como flotando, una paloma con sus ojos fijos amorosamente en él, desciende sobre su mano extendida, él la atrae hacia su rostro, y la paloma lo asfixia de amor, besando su rostro, su cabeza y su cuello.

Una mujer, hija de la voz de Dios le dice: "Te ama" y el drama de la salvación llega a su fin en él. Ahora es hijo de Dios, hijo de la resurrección. Ya "no puede morir, porque es Hijo de Dios, siendo Hijo de la Resurrección" (Lc 20,36).

"Yo y el Padre somos uno".
(Juan 10:30)

"Yo soy la raíz y el linaje de David".
(Ap. 22:16)

Él es el Padre de la humanidad y de su descendencia. Al hacerse hombre, límite de la contracción y la opacidad, rompe la cáscara, y expandiéndose en la translucidez logra su propósito.

Ha encontrado a "Aquel de quien escribieron Moisés en la ley y los profetas" (Juan 1:45).

Los autores anónimos del Evangelio de Dios son hombres nacidos dos veces, hijos de Dios, hijos de la Resurrección, que ya no pueden morir, habiendo escapado del cuerpo del pecado y de la muerte. El Evangelio es la historia del plan de salvación de Dios.

Será útil para todos los lectores de la Palabra de Dios, terminar esta confesión de fe con una cita de William Blake:

"Debe entenderse que las Personas, Moisés y Abraham, no están aquí significadas, sino los Estados Significados por esos Nombres, siendo los Individuos representantes o Visiones de esos Estados como fueron revelados al Hombre Mortal en la Serie de Revelaciones Divinas como están escritas en la Biblia: estos varios Estados los he visto en mi Imaginación; cuando están distantes

aparecen como Un Hombre, pero a medida que te acercas aparecen Multitudes de Naciones".

No hay historia secular en la Biblia. La Biblia es la historia de la salvación y es totalmente sobrenatural.

PREGUNTAS Y RESPUESTAS DE REFLEXIÓN

1. ¿Qué significa que Jesucristo cumpla las Escrituras en nuestras vidas hoy?

- **Respuesta:** El cumplimiento de las Escrituras en nuestra vida significa que las enseñanzas y experiencias de Jesús no son sólo acontecimientos históricos, sino que están vivas y activas dentro de nosotros. Cuando reconocemos la presencia de Cristo en nosotros, podemos entender mejor nuestro propio camino de fe y el poder transformador de su resurrección.

-

2. ¿Cómo pueden las experiencias personales del plan de salvación de Dios moldear nuestra comprensión de las Escrituras?

- **Respuesta:** Las experiencias personales nos permiten conectarnos con las narraciones de las Escrituras a un nivel más profundo. Cuando atravesamos nuestras propias luchas y somos testigos de la fidelidad de Dios, podemos ver la relevancia de las enseñanzas bíblicas en nuestras vidas, lo que nos lleva a una fe más profunda y a una comprensión de las promesas de Dios.

-

3. ¿De qué manera puede verse la historia de Job como un reflejo de nuestras propias experiencias con el sufrimiento?

- **Respuesta:** La historia de Job ilustra las pruebas del sufrimiento inocente y la restauración que le sigue. Muchos de nosotros podemos identificarnos con momentos de profunda aflicción y cuestionamiento, y la experiencia de Job nos anima a aferrarnos a la esperanza, sabiendo que el sufrimiento puede conducir al crecimiento y a una relación más profunda con Dios.

-

4. ¿Por qué es significativo que los autores del evangelio compartieran sus experiencias personales en lugar de simplemente relatar eventos históricos?

- **Respuesta:** Los testimonios personales de los autores dan autenticidad a su mensaje. Al compartir sus experiencias de redención, invitan a los lectores a ser testigos de la verdad viva de la Palabra de Dios. Este enfoque enfatiza que la fe es un viaje personal, moldeado por los encuentros individuales con lo divino.

-

5. ¿Qué impacto tiene en nuestra vida y acciones diarias la comprensión de nuestra unidad con Cristo?

- **Respuesta:** Reconocer nuestra unidad con Cristo transforma la manera en que vivimos e interactuamos con los demás. Nos desafía a encarnar su amor y su gracia, influyendo en nuestras decisiones y relaciones. Esta comprensión nos capacita para vivir nuestra fe activamente, sabiendo que llevamos la esencia de Cristo dentro de nosotros.

-

6. ¿Qué papel juega el sufrimiento en el proceso de ser conformados a la imagen de Cristo?

- **Respuesta:** El sufrimiento puede servir como un proceso de refinamiento que profundiza nuestra fe y nos acerca más al carácter de Cristo. A través de las pruebas, podemos desarrollar perseverancia, compasión y una mayor comprensión del amor de Dios, lo que nos permite reflejar su imagen de manera más auténtica.

-

7. ¿De qué manera podemos cultivar un testimonio personal del plan de salvación de Dios en nuestras vidas?

- **Respuesta:** Cultivar un testimonio personal implica orar con regularidad, estudiar las Escrituras y reflexionar sobre nuestras experiencias con Dios. Compartir nuestras historias con los demás y estar abiertos a la manera en que Dios está obrando en nuestras vidas puede inspirar y alentar a quienes nos rodean a buscar una relación más profunda con Él.

-

8. ¿Cómo puede la idea de que "Dios se acostó dentro de mí para dormir" influir en tu comprensión de la presencia de Dios en tu vida?

- **Respuesta:** Este concepto enfatiza la intimidad de nuestra relación con Dios. Sugiere que Dios está profundamente involucrado en nuestras vidas, incluso en momentos de silencio o aparente ausencia. Entender que Dios sueña con nuestro potencial puede inspirarnos a despertar a nuestra verdadera identidad en Él y a vivir ese llamado.

-

9. ¿Qué significa para usted personalmente cuando se dice que "Jesucristo está en ti"?

- **Respuesta:** Esta afirmación sugiere que la esencia y las enseñanzas de Jesús forman parte de mi ser interior. Me anima a considerar cómo su presencia influye en mis pensamientos, acciones y decisiones.

Puedo reflexionar sobre momentos en los que sentí su guía o fortaleza en momentos difíciles, lo que reforzó mi fe y mi conexión con Él.

-

10. ¿Cómo puede el concepto del cumplimiento de las Escrituras por parte de Cristo profundizar su comprensión del Antiguo Testamento?

- **Respuesta:** Reconocer que el Antiguo Testamento sirve como modelo profético para la vida de Cristo me ayuda a ver su relevancia más allá del contexto histórico. Me anima a ver las Escrituras como interconectadas y vivas, lo que me impulsa a explorar cómo informan mi comprensión de las promesas de Dios y su plan final para la salvación.

-

11. ¿De qué manera has experimentado el "horno de aflicción" en tu vida, y cómo éste moldeó tu carácter?

- **Respuesta:** Al reflexionar sobre las dificultades personales, puedo identificar cómo contribuyeron a mi crecimiento y resiliencia. Estas experiencias suelen fomentar la empatía, la compasión y una apreciación más profunda de las alegrías de la vida. Puedo reconocer que estos desafíos no fueron solo obstáculos, sino partes esenciales de mi camino hacia una mayor alineación con la imagen de Cristo.

-

12. ¿Qué revela el llamado que David hace a Dios como "Padre" acerca de la relación entre Dios y la humanidad?

- **Respuesta:** Esta relación enfatiza la intimidad y la conexión personal. Sugiere que Dios desea un vínculo familiar con nosotros, uno que invite a la confianza y al amor. Podría considerar cómo el hecho de ver a Dios como un padre influye en mi enfoque de la oración, la adoración y mi comprensión del amor y el cuidado divinos.

-

13. ¿Cómo la idea de estar unido a Cristo cambia tu percepción de tu identidad?

- **Respuesta:** Comprender que estoy unido a Cristo me invita a verme no sólo como un individuo sino como parte de una realidad espiritual mayor. Me desafía a abrazar mi identidad como hijo de Dios y a vivir mi fe activamente, reconociendo el poder y la autoridad que provienen de esta unión.

-

14. ¿Cuáles son algunas "señales" en tu vida que afirman tu fe y tu conexión con Dios?

- **Respuesta:** Puedo reflexionar sobre momentos de claridad, oraciones respondidas o experiencias de paz profunda que parecen trascender mis circunstancias. Estas señales pueden servir como recordatorios de la presencia y la fidelidad de Dios, reforzando mi confianza en Él.

-

15. ¿Cómo afecta el misterio de la revelación de Dios a usted personalmente su comprensión de las Escrituras?

- **Respuesta:** Este misterio me invita a acercarme a la Escritura con apertura y con un deseo de revelación personal más que de mera comprensión intelectual. Me anima a buscar una relación más profunda con Dios a través de Su Palabra, permitiendo que ésta transforme mi vida y mis percepciones.

-

16. ¿De qué manera puedes compartir tus experiencias personales del plan de salvación de Dios con otros?

- **Respuesta:** Puedo compartir mis testimonios y cómo mi comprensión del amor y la gracia de Dios ha evolucionado a través de las experiencias de las Escrituras en mi vida. Participar en conversaciones, escribir o incluso participar en actividades comunitarias pueden ser formas de expresar y compartir mi camino de fe.

-

17. ¿Qué significa "nacer de nuevo" mediante la resurrección de Jesucristo?

- **Respuesta:** Nacer de nuevo significa un renacimiento espiritual transformador que permite a las personas encarnar la esencia de Cristo dentro de sí mismas. Esta resurrección representa un alejamiento del pecado y la mortalidad, un despertar a una nueva vida caracterizada por el amor y la comprensión divinos. Implica una experiencia personal en la que uno reconoce su identidad en Cristo y comienza a vivir esa verdad.

-

18. ¿Cómo podemos interpretar la afirmación "la resurrección marca el inicio de la liberación de Jesucristo el Padre del cuerpo de pecado y de muerte"?

- **Respuesta:** Esta afirmación sugiere que la resurrección significa no sólo un triunfo sobre la muerte sino también la liberación de la naturaleza divina en la humanidad. Destaca que a través de la resurrección de Cristo, los individuos pueden liberarse de las ataduras del pecado y experimentar una unión divina con Dios. Esta libertad permite a los creyentes trascender sus limitaciones terrenales y abrazar su verdadera identidad como hijos de Dios.

-

19. ¿De qué maneras podemos participar activamente en el plan de salvación de Dios como se describe en este capítulo?

- **Respuesta:** Podemos participar nutriendo nuestra relación con Cristo, encarnando sus enseñanzas en nuestra vida y permitiendo que su espíritu guíe nuestras acciones. Participar en la oración, la meditación y los actos de servicio puede profundizar nuestra comprensión del amor y el propósito de Dios. Además, compartir nuestras experiencias personales de fe puede inspirar a otros a buscar su propia relación con Dios.

-

20. ¿Qué significado tienen los "tres hombres" en el contexto de la revelación y transformación divina?

- **Respuesta:** Los "tres hombres" simbolizan mensajeros divinos o aspectos de la presencia de Dios que pueden manifestarse en nuestras vidas. Representan los momentos de comprensión, claridad y guía que conducen a experiencias transformadoras. Su aparición repentina resalta la naturaleza inesperada de la intervención divina y la necesidad de estar abiertos a las revelaciones que pueden conducir al despertar espiritual.

-

21. ¿Cómo la analogía del cráneo como tumba y útero refleja la naturaleza dual del renacimiento espiritual?

- **Respuesta:** La analogía ilustra la idea de que nuestro estado anterior de existencia, caracterizado por la ignorancia y la separación de Dios, debe morir para que surja un nuevo yo iluminado. La calavera como tumba simboliza nuestras limitaciones pasadas, mientras que su transformación en útero simboliza el nacimiento de una nueva vida llena de potencial divino. Esta dualidad captura la esencia del crecimiento espiritual, donde la muerte conduce a la vida y la pérdida da como resultado una ganancia profunda.

-

22. ¿Qué papel juega la experiencia personal en la comprensión de las Escrituras y el plan de Dios?

- **Respuesta:** La experiencia personal es esencial para comprender verdaderamente las enseñanzas de las Escrituras. Es a través de las experiencias vividas que las personas pueden identificarse con los mensajes de fe y salvación. Los momentos transformadores de nuestra vida sirven como lentes a través de los cuales podemos interpretar y aplicar las verdades de las Escrituras. De este modo, el cumplimiento del plan de Dios se convierte no solo en una comprensión teórica, sino en una realidad práctica que se manifiesta en nuestro propio caminar.

-

23. ¿Por qué el llamado a declarar el evangelio se considera una obligación divina?

- **Respuesta:** El llamado a declarar el evangelio surge de una profunda convicción interna que se origina en la experiencia transformadora de Cristo en nuestro interior. Esta compulsión refleja la urgencia de compartir el profundo amor y la verdad que hemos encontrado. Tiene su raíz en la comprensión de que tales revelaciones no deben mantenerse en silencio, sino inspirar y elevar a otros en sus caminos espirituales.

-

24. ¿Cómo se aplica a nuestra comprensión de la fe el concepto de ver la profecía "desde una perspectiva muy diferente" que "en retrospectiva"?

- **Respuesta:** Este concepto ilustra que nuestra comprensión de las profecías divinas o las verdades espirituales a menudo evoluciona con el tiempo. Al principio, podemos percibir el plan de Dios como poco claro o desafiante, pero a medida que reflexionamos sobre nuestras experiencias y vemos el cumplimiento de sus promesas, nuestra perspectiva cambia. Esto resalta la importancia de la paciencia y la confianza en el tiempo de Dios, lo que sugiere que la fe implica un viaje de revelación en lugar de una comprensión inmediata.

-

25. ¿Qué importancia tiene la experiencia de la relación del hombre resucitado con David para comprender las conexiones familiares y divinas?

- **Respuesta:** La relación entre el hombre resucitado y David simboliza la conexión íntima entre Dios (el Padre) y la humanidad (el Hijo). Destaca que a través del renacimiento espiritual, nos convertimos en parte de un linaje divino, heredando no sólo el amor de Dios sino también la responsabilidad de reflejar ese amor en nuestras relaciones. Esta relación nos desafía a considerar cómo fomentamos las conexiones con los demás como expresiones de nuestra herencia divina.

\-

26. ¿De qué manera la imagen del rayo que parte el cuerpo del hombre resucitado sirve como metáfora del despertar espiritual?

- **Respuesta:** El rayo representa la iluminación y la transformación repentinas, que rompen las barreras de la ignorancia o el pecado. Significa el poder de la revelación divina que puede cambiar radicalmente la comprensión que uno tiene de sí mismo y de la existencia. Esta metáfora nos invita a reflexionar sobre los momentos de intensa realización o avance en nuestro camino espiritual, reconociendo que tales experiencias pueden conducir a un profundo crecimiento personal y a una comprensión más profunda de la presencia de Dios en nuestras vidas.

\-

27. ¿Cómo ilustra el pasaje la relación entre la experiencia individual y la revelación colectiva en el contexto del plan de salvación de Dios?

- **Respuesta:** El pasaje enfatiza que las experiencias personales de la revelación divina contribuyen a una comprensión colectiva del plan de Dios. El encuentro de cada individuo con lo divino realza la narrativa compartida de salvación que se encuentra en las Escrituras. Esto subraya la importancia del testimonio personal y las experiencias compartidas para construir una fe comunitaria que honre tanto los aspectos únicos como los universales de la revelación de Dios.

-

28. ¿Cuál es el significado de la frase "ya no puede morir , porque es Hijo de Dios, siendo Hijo de Resurrección"?

- **Respuesta:** Esta frase subraya el poder transformador de la resurrección al redefinir la identidad de la persona. Como Hijo de Dios, el individuo trasciende la mortalidad y el ciclo del pecado y la muerte, abrazando la vida eterna. Refleja la creencia cristiana de que, a través de la resurrección de Cristo, a los creyentes se les concede la misma victoria sobre la muerte, invitándolos a vivir en un estado de renovación espiritual perpetua. Esta comprensión alienta a las personas a ver sus vidas a través de la lente del propósito eterno y la posibilidad divina.

-

29. ¿Cómo podemos interpretar la metáfora de la Biblia como "historia de salvación y totalmente sobrenatural"?

- **Respuesta:** Esta metáfora sugiere que la Biblia no es simplemente un registro de acontecimientos, sino una narración profunda que revela la interacción continua de

Dios con la humanidad. Invita a los lectores a ver sus propias vidas dentro de esta historia divina, reconociendo que cada experiencia individual de fe es parte de un desarrollo más grande y sobrenatural del plan de Dios. Esta comprensión puede inspirar a los lectores a acercarse a las Escrituras no solo como textos históricos, sino como documentos vivos que hablan de sus propios viajes espirituales.

-

30. ¿De qué manera las experiencias de los "hombres nacidos dos veces" reflejan nuestros propios viajes espirituales?

- Respuesta: Las experiencias de los hombres nacidos dos veces sirven como modelo para nuestros viajes espirituales, ilustrando que la transformación y el despertar son parte integral de la fe. Destacan la necesidad de ir más allá de las limitaciones del yo físico para abrazar una realidad espiritual más profunda. Los lectores pueden reflexionar sobre sus propios momentos de despertar, reconociendo que a través de pruebas, revelaciones y encuentros divinos, ellos también están llamados a vivir como hijos e hijas de Dios, participando plenamente en el plan de salvación.

TEMAS CLAVE

LA RESURRECCIÓN Y LA SALVACIÓN

Según el libro Resurrección - Una confesión de fe, la resurrección de Jesucristo es un tema fundamental en el plan general de Dios para la salvación. No se la considera simplemente un acontecimiento histórico, sino que se la describe como un proceso continuo y dinámico dentro de la vida de cada creyente. El libro subraya que esta resurrección espiritual es algo que experimentan internamente las personas, en el que Cristo mora activamente dentro de ellas, remodelando su ser. Esta profunda transformación significa que la vida del creyente está intrínsecamente vinculada a la narrativa más amplia de la redención, trazando un paralelo entre la resurrección de Cristo y la renovación espiritual de cada persona que deposita su fe en Él.

La idea que se presenta es que, a través de la unidad con Cristo tanto en su muerte como en su resurrección, los creyentes experimentan un avivamiento espiritual similar. Así como Cristo resucitó de entre los muertos, ellos también resucitan espiritualmente, lo que señala un nuevo comienzo en su relación con Dios. Este concepto de resurrección habla de una comprensión más profunda y personal de la salvación, no simplemente como una promesa futura o un acontecimiento pasado, sino como una realidad presente que se desarrolla dentro del creyente.

El libro ilustra esto haciendo referencia a las Escrituras, específicamente a Romanos 6:4, que dice: "Si fuimos unidos a él en una muerte como la suya, ciertamente lo seremos en una resurrección como la suya". Este pasaje resume la promesa de que quienes están unidos a Cristo en su muerte —simbolizada por la fe, el arrepentimiento y el bautismo— también participarán de su resurrección. Esta unidad significa no solo una esperanza futura de resurrección física, sino también la transformación espiritual inmediata que comienza en esta vida, una resurrección interior donde la vida de Cristo se manifiesta en el creyente.

El libro enfatiza que la resurrección, tanto física como espiritual, es el centro del plan de salvación de Dios. Es a través de la resurrección de Cristo que a los creyentes se les concede la posibilidad de una nueva vida, y esta resurrección continua dentro de cada persona sirve como puente que conecta la fe individual con la gran narrativa de la historia de la salvación. Por lo tanto, la salvación no se ve como un concepto distante o abstracto, sino como una experiencia íntima y transformadora de ser resucitado con Cristo, tanto ahora como en la eternidad.

-

UNIÓN CON CRISTO

En el libro Resurrección - Una confesión de fe, el tema de la unión con Cristo se presenta como uno de los elementos más significativos de la verdadera fe cristiana. Este concepto enfatiza que Cristo no es simplemente una figura externa o un mascarón histórico, sino que habita activamente dentro de cada creyente. Según el libro, esta unión mística entre Cristo y el creyente es la esencia misma de la transformación espiritual, mediante la cual el individuo se alinea más con la imagen y el carácter de Cristo a través de un proceso que involucra sufrimiento, fe y, en última instancia, resurrección.

La unión con Cristo se describe como una experiencia personal y sobrenatural. No es simplemente una conexión metafórica, sino un cambio profundo y real que ocurre dentro del creyente, permitiéndole participar de la vida, muerte y resurrección de Cristo. El libro señala que esta unión mística representa la culminación de las profecías que se encuentran en el Antiguo y el Nuevo Testamento. La vida de Cristo se ve como el cumplimiento de estas antiguas promesas y, a través de la unión con Él, el creyente participa en la realización de esas mismas profecías dentro de su propia vida.

La idea de transformación a través de esta unión es central para el mensaje del libro. La identidad propia del creyente es gradualmente reemplazada por la vida de Cristo, simbolizando una muerte al yo y una nueva vida en la que Cristo es la fuerza guía. Esta transformación no es un proceso pasivo sino que implica la participación activa del creyente, a menudo a través de soportar pruebas y sufrimientos. En este sentido, el sufrimiento se presenta no como un castigo sino como un camino necesario para llegar a ser más como Cristo, profundizando la conexión del creyente con Él.

El libro se basa en gran medida en las Escrituras para reforzar esta idea, en particular Gálatas 2:20, que dice: "Con Cristo estoy juntamente crucificado, y ya no vivo yo, mas vive Cristo en mí". Este versículo sirve como una poderosa ilustración del camino espiritual del creyente. Al ser "crucificado" con Cristo, el individuo muere simbólicamente a su antiguo yo, y en su lugar, Cristo toma residencia dentro de él, lo que conduce a una nueva forma de vivir y ser. El creyente ya no se deja llevar por sus propios deseos o ego, sino por la vida de Cristo que ahora opera dentro de él.

El libro destaca que la unión con Cristo no es sólo un concepto intelectual, sino una experiencia transformadora que cumple las promesas de las Escrituras. A través de esta unión, el creyente se va moldeando progresivamente a la semejanza de Cristo, participando de su muerte, resurrección y, en última instancia, de su gloria. Esta profunda conexión se presenta como el corazón mismo de la fe cristiana, donde la vida del creyente se vuelve inseparable de la vida de Cristo que mora en él.

-

EL PAPEL DE LA ESCRITURA EN EL APOCALIPSIS

En Resurrección - Una confesión de fe, el papel de las Escrituras se presenta no simplemente como un registro histórico, sino como una revelación activa y viva que se desarrolla continuamente en la vida de cada creyente. El libro sugiere que las Escrituras, en particular las profecías y enseñanzas del Antiguo y Nuevo Testamento, no se limitan a eventos pasados o promesas lejanas. En cambio, afirma que las Escrituras cobran vida en el creyente cuando experimenta la resurrección de Cristo dentro de sí mismo. Esta revelación continua, donde las palabras antiguas se vuelven personalmente relevantes, resalta la relación dinámica entre las Escrituras y el individuo.

El libro enfatiza además que la verdadera comprensión del plan de salvación de Dios no es meramente intelectual o académica, sino que tiene sus raíces en la experiencia personal y transformadora con las Escrituras. Es a través de la interacción con las Escrituras en el contexto de la propia travesía espiritual que se revelan las verdades más profundas del plan de Dios. Este concepto presenta las Escrituras como un modelo profético tanto para la vida de Cristo como para la evolución espiritual de cada creyente. La vida, muerte y resurrección de Jesucristo se consideran el cumplimiento máximo de las Escrituras y, por extensión, la propia transformación espiritual de cada creyente refleja este cumplimiento divino.

Uno de los mensajes centrales del libro es que las Escrituras deben experimentarse personalmente para ser entendidas en su totalidad. El creyente no debe simplemente leer o estudiar la Biblia como un texto histórico o teológico, sino que debe vivir sus enseñanzas y promesas. De esta manera, el cumplimiento de las Escrituras no es solo un concepto teológico sino una realidad vivida, donde el plan divino revelado a través de las Escrituras se pone en práctica en el camino personal de cada creyente. Este continuo desarrollo del significado de las Escrituras a través de la experiencia personal se describe como la clave para comprender los misterios de la salvación.

El libro se basa en Lucas 22:37 para ilustrar este punto: "Es necesario que la Escritura se cumpla en mí... porque lo que está escrito acerca de mí se ha cumplido". Este versículo se utiliza para destacar que la vida de Jesús es el cumplimiento directo de lo profetizado en el Antiguo Testamento. Sin embargo, el libro amplía esta idea al sugerir que la Escritura también encuentra su cumplimiento en la vida de cada creyente que participa en la resurrección espiritual de Cristo dentro de sí mismo. Así como la vida de Cristo cumplió profecías antiguas, las experiencias espirituales personales de los creyentes cumplen los significados más profundos de la Escritura en sus propias vidas.

-

LA EXPERIENCIA MÍSTICA DE DIOS

En Resurrección - Una confesión de fe, la experiencia mística de Dios se presenta como un aspecto central de la fe cristiana, donde la presencia de Dios no es meramente un concepto abstracto sino que se siente directamente dentro del alma del creyente. El libro explora la idea de que el viaje espiritual implica un encuentro profundo y personal con Dios, que trasciende la comprensión intelectual. Esta experiencia mística está marcada por el despertar de Dios dentro del individuo, un proceso que refleja la resurrección de Cristo. El alma del creyente se convierte en el escenario en el que se recrean la vida, muerte y resurrección de Cristo, lo que significa una transformación profunda y personal.

El libro enfatiza que esta unión con Dios no se limita a la reflexión teológica o al ritual religioso, sino que es una realidad directa y vivencial. Describe cómo la presencia de Dios cobra vida dentro del individuo, despertando el alma a la verdad divina que ha estado presente todo el tiempo, pero oculta bajo las capas de la conciencia ordinaria. Este despertar se describe como personal y cósmico, donde el alma individual participa en un plan divino más amplio que se extiende más allá de la salvación personal y se conecta con la historia más amplia de la resurrección de Cristo y la victoria de Dios sobre la muerte.

La unión mística entre el creyente y Dios, como se describe en el libro, implica un proceso en el que se difuminan los límites entre el yo y lo divino. El creyente llega a comprender que Dios siempre ha estado presente en su interior, y esta comprensión se desarrolla a través de una serie de experiencias espirituales. El libro cita varios pasajes bíblicos y reflexiones místicas para explicar cómo se experimenta esta unión. Por ejemplo, menciona que Dios "se acuesta dentro" del creyente y, mientras duerme, sueña que es el individuo. Cuando Dios despierta en su interior, el creyente llega a la sorprendente comprensión de que "Yo soy Él", lo que refleja una unidad mística entre el creyente y Dios.

Este despertar místico se describe como profundamente íntimo y expansivo a la vez. Es íntimo porque ocurre dentro del alma personal del creyente, donde la presencia de Dios se experimenta de manera única. Al mismo tiempo, es expansivo porque conecta al individuo con el drama cósmico de la salvación: la muerte y resurrección de Cristo. El libro sugiere que cada creyente, en su viaje espiritual, recrea la vida de Cristo en un sentido místico, experimentando una muerte personal al viejo yo y una resurrección a una nueva vida con Cristo morando dentro de él.

La cita que se utiliza en el libro, "Cuando Él despierta, 'Yo soy Él'. Dios se acostó dentro de mí para dormir, y mientras dormía soñó que Él era yo y cuando despierta, yo soy Él", resume esta idea mística. Ilustra el momento transformador en el que el creyente se vuelve plenamente consciente de la presencia divina dentro de él. La metáfora de Dios durmiendo y soñando que Él es el individuo enfatiza la naturaleza oculta de esta realidad divina, que permanece latente hasta que se despierta mediante la revelación espiritual.

El libro destaca la experiencia mística de Dios como piedra angular de la fe cristiana, donde la presencia de Dios se convierte en una realidad viva dentro del creyente. Esta unión mística es a la vez una transformación personal y un reflejo del significado cósmico de la resurrección de Cristo. El viaje del individuo refleja la narrativa divina de Cristo, lo que conduce a una profunda comprensión de la unidad con Dios y a una participación en la historia eterna de la salvación.

-

EL SUFRIMIENTO COMO CAMINO DE REDENCIÓN

En Resurrección - Una confesión de fe, el tema del sufrimiento como camino necesario hacia la redención es un concepto destacado. El libro afirma que, al igual que Cristo soportó el sufrimiento, los creyentes también deben pasar por sus propias pruebas y tribulaciones como parte de su viaje espiritual hacia la unión con Dios. Este proceso de soportar las dificultades no se considera un castigo, sino un medio de refinamiento espiritual, similar a ser probado en el "horno de la aflicción". Así como los metales se purifican mediante un calor intenso, los creyentes maduran y se transforman espiritualmente a través de sus experiencias de sufrimiento, lo que los acerca a Dios.

El libro enfatiza que el sufrimiento cumple un propósito divino en la vida del creyente. Se basa en gran medida en referencias bíblicas para ilustrar que las pruebas y las dificultades son parte del plan redentor de Dios, diseñado para moldear al creyente a la semejanza de Cristo. Al sufrir aflicciones, las personas se despojan de sus apegos mundanos y sus falsas identidades, lo que a su vez les permite abrazar su verdadera naturaleza espiritual en Cristo. Este camino del sufrimiento no es arbitrario; más bien, es un proceso necesario que en última instancia conduce a la gloria espiritual y al cumplimiento del plan de Dios.

Una de las referencias bíblicas clave que se utilizan en el libro para apoyar esta idea es Isaías 48:10-11, que dice: "Yo os he probado en el horno de la aflicción... ¿Cómo, pues, sería profanado mi nombre? No daré mi gloria a otro". Este pasaje ilustra la noción de que, a través del sufrimiento, Dios preserva su gloria al refinar a su pueblo, asegurándose de que salga de sus pruebas más cerca de su imagen y propósito. El sufrimiento, por tanto, es un proceso sagrado que honra el nombre de Dios y prepara a los creyentes para la revelación final de su gloria en ellos.

El libro sugiere que el sufrimiento es una parte esencial de la participación del creyente en la vida de Cristo. Así como el sufrimiento de Cristo en la cruz fue necesario para la redención de la humanidad, el sufrimiento del creyente es un camino hacia la redención personal y la transformación espiritual. Este sufrimiento compartido con Cristo se considera una manera de unir al creyente más íntimamente con Él, ya que refleja el camino que Cristo emprendió por el bien de la humanidad. Las aflicciones del creyente, por lo tanto, no carecen de sentido, sino que sirven a un propósito mayor en el plan de Dios para su desarrollo espiritual y su eventual unión con Él.

En este contexto, el sufrimiento se presenta como una experiencia transformadora que conduce a la gloria suprema. El libro indica que, a través del sufrimiento, los creyentes pueden desprenderse de su ego y de sus deseos terrenales, permitiendo que Cristo eche raíces más plenamente en ellos. Este proceso de morir a uno mismo y aceptar las pruebas de la vida como parte del propósito divino de Dios da como resultado el crecimiento y la madurez espiritual. Es a través de este refinamiento que el creyente se vuelve más como Cristo, participando plenamente tanto en su muerte como en su resurrección.

Resurrección - Una confesión de fe presenta el sufrimiento no como algo que debe evitarse, sino como una parte esencial y divinamente orquestada del camino del creyente hacia la redención. A través del "horno de la aflicción", los creyentes son transformados, purificados y llevados a una unión más profunda con Dios. Este camino de sufrimiento es un elemento vital en el proceso de llegar a ser como Cristo, que en última instancia conduce al cumplimiento del plan de Dios para la gloria en la vida de cada creyente.

-

LA RELACIÓN PADRE-HIJO

En Resurrección - Una confesión de fe, uno de los temas teológicos más profundos es la relación entre Dios Padre y el Hijo, Jesucristo, que sirve como marco central para comprender la naturaleza de Dios y su relación con la humanidad. El libro enfatiza que la revelación de Cristo como el Hijo de Dios no es meramente una creencia doctrinal, sino una verdad experiencial que se desarrolla dentro de la vida del creyente. Esta relación entre Padre e Hijo se presenta como la clave para desentrañar el misterio de la naturaleza divina, ya que el creyente, a través de Cristo, llega a conocer verdaderamente a Dios como Padre.

El libro describe esta revelación de Dios como Padre como una experiencia profundamente transformadora. Es a través de Cristo, el Hijo, que los creyentes son presentados al Padre, ya que Jesús actúa como mediador y revelador de la identidad de Dios. Esta revelación no es sólo un conocimiento intelectual, sino un encuentro íntimo y personal que reconfigura la comprensión que el creyente tiene de su propia identidad en relación con Dios. Al llegar a conocer a Cristo como el Hijo de Dios, el creyente también experimenta su propia filiación o filialidad , reconociéndose a sí mismo como parte de la familia divina.

La relación Padre-Hijo se describe como el objetivo último de la existencia humana. El libro sugiere que el viaje espiritual de la humanidad es esencialmente una búsqueda del Padre, pero esta búsqueda solo puede cumplirse a través de Cristo. Como se afirma en Mateo 11:27, "El hombre busca al Padre, pero Dios el Padre solo se da a conocer a través de su Hijo", el texto enfatiza que solo a través del Hijo el Padre puede revelarse plenamente. Esto subraya el papel esencial de Cristo al tender un puente entre Dios y la humanidad, haciendo que el Padre sea accesible y cognoscible.

Además, el libro profundiza en las dimensiones místicas de esta relación. El creyente, a través de la unión con Cristo, participa de la relación del Hijo con el Padre. Esta conexión íntima transforma la vida del creyente, ya que llega a entenderse a sí mismo como participante de la vida divina. A través de este despertar espiritual, el creyente se da cuenta de que el mismo amor y autoridad que existe entre el Padre y el Hijo ahora se extiende a él. Esta revelación trae un sentido de profunda pertenencia y propósito divino, a medida que el creyente asume su papel como hijo de Dios.

El libro también llama la atención sobre los fundamentos bíblicos de este tema, donde la relación Padre-Hijo es central para la narrativa del evangelio. Jesús se refiere constantemente a Dios como su Padre, y el creyente es invitado a participar en esta relación. Esta relación no es distante ni simbólica, sino que se describe como una experiencia personal que debe realizarse en la vida del creyente. A través de la experiencia de Cristo en su interior, el creyente encuentra el amor y la presencia del Padre de una manera que es profundamente personal y transformadora.

Resurrección - Una confesión de fe describe la relación Padre-Hijo como esencial para comprender tanto la naturaleza de Dios como el camino espiritual del creyente. La revelación de Dios como Padre, a través de Cristo el Hijo, es la piedra angular de la fe y la experiencia cristianas. Esta relación lleva al creyente a una comunión íntima con Dios, transformando su vida y profundizando su comprensión del amor, el propósito y la identidad divinos. El camino del creyente culmina en esta profunda comprensión de Dios como Padre, una verdad que solo se puede comprender plenamente a través de la vida y la persona de Jesucristo.

-

EL PAPEL DE LA EXPERIENCIA PERSONAL EN LA FE

En Resurrección - Una confesión de fe, se destaca el papel de la experiencia personal como algo fundamental para comprender verdaderamente la verdad cristiana. El libro afirma que, si bien el conocimiento histórico y la comprensión intelectual de las Escrituras son valiosos, en última instancia son insuficientes para captar la profundidad total del plan de Dios para la salvación. En cambio, aboga por un encuentro profundamente personal y místico con lo divino como la única manera de comprender plenamente el poder transformador de la fe cristiana.

El libro destaca que la fe no es un sistema de creencias estático basado únicamente en doctrinas o estudios bíblicos, sino que es una experiencia dinámica y vivida que cada creyente debe experimentar personalmente. Esta experiencia personal se describe como esencial para descubrir las verdades más profundas del mensaje cristiano, en particular la resurrección de Cristo. La fe del creyente debe ir más allá de la aceptación intelectual de la vida, muerte y resurrección de Cristo hacia una comprensión directa e interna de estos eventos que suceden dentro de su propia vida espiritual.

El libro destaca el hecho de que la resurrección de Cristo no es sólo un acontecimiento del pasado, sino una experiencia presente y continua en el alma del creyente. Sostiene que sólo experimentando al Cristo resucitado en su interior puede el creyente llegar a comprender la verdadera naturaleza de la salvación y el profundo significado del plan redentor de Dios. Este encuentro con lo divino, tal como se describe en el libro, es transformador, ya que reconfigura toda la perspectiva espiritual del creyente y profundiza su fe.

La afirmación de que "la fe no es completa hasta que se convierte en experiencia" resume esta idea central. Sugiere que la fe no puede realizarse plenamente hasta que se vive y se siente en un nivel profundamente personal. El libro rechaza la noción de que las formas externas de culto, los rituales o los debates teológicos son suficientes para el crecimiento espiritual. En cambio, insiste en que la verdadera fe cristiana es un proceso interno, en el que cada creyente debe encontrarse con Dios directa y personalmente. Esta experiencia de la presencia de Dios, especialmente de

Cristo que mora en nosotros, es lo que lleva la fe a su plenitud.

En consonancia con ello, el libro sugiere que la Sagrada Escritura se entiende mejor a través de la experiencia personal. Propone que la Biblia, si bien es un texto sagrado e inspirado, revela sus significados más profundos solo cuando el creyente se relaciona con ella en el contexto de su propia vida espiritual. A través de experiencias místicas, como el despertar de Cristo dentro del creyente, la Sagrada Escritura pasa de ser un registro histórico a un testimonio vivo que habla directamente al corazón y al alma del individuo.

El libro va más allá y explica que la experiencia personal es lo que transforma al creyente en testigo de la verdad de Dios. Es a través de la experiencia directa de las realidades de la fe que los creyentes se vuelven capaces de compartir y encarnar la verdad cristiana en sus vidas. Este encuentro personal con lo divino no sólo afirma la propia fe del creyente, sino que también lo capacita para transmitir el mensaje de salvación a los demás con autenticidad y convicción.

Resurrección - Una confesión de fe defiende firmemente que la experiencia personal es la clave para comprender y vivir plenamente la fe cristiana. El conocimiento intelectual y la comprensión histórica de las Escrituras son importantes, pero son incompletos sin la experiencia directa y transformadora del Cristo resucitado en nuestro interior. A través de este encuentro personal, la fe se hace plenamente realidad, permitiendo al creyente captar la verdadera profundidad del plan de Dios para la salvación y participar en la vida divina.

\-

EL PLAN DE SALVACIÓN DE DIOS COMO PERSONAL Y UNIVERSAL

En Resurrección - Una confesión de fe, uno de los temas más significativos es la naturaleza dual del plan de salvación de Dios, que se presenta como profundamente personal y de aplicación universal. El libro afirma que la salvación no es sólo un acontecimiento cósmico que afecta a todo el ámbito de la creación, sino también un proceso íntimo que tiene lugar dentro del alma de cada creyente. Hace hincapié en que cada persona debe llegar a conocer a Cristo personalmente, experimentando su resurrección y transformación dentro de sí misma. Sin embargo, esta experiencia personal está inextricablemente ligada a la narrativa más amplia de la vida, muerte y resurrección de Cristo, así como al cumplimiento de las Escrituras y la restauración definitiva de toda la creación.

El libro sugiere que el plan de salvación de Dios opera en dos niveles: el individual y el universal. En el nivel personal, cada creyente debe experimentar un despertar espiritual, un proceso en el que Cristo se hace plenamente presente en él. Esta transformación interior es esencial para comprender el verdadero significado de la salvación, ya que refleja la participación del creyente en la vida divina. La resurrección de Cristo no es meramente un acontecimiento externo en la historia, sino algo que se repite en la vida de cada creyente que permite que Cristo viva dentro de él. Este encuentro personal con Cristo se presenta como la piedra angular de la fe, ya que revela el plan de redención de Dios que se desarrolla en el corazón de cada individuo.

Al mismo tiempo, el libro conecta esta experiencia personal con la historia cósmica más amplia de la salvación. Explica que la salvación de cada individuo es parte del gran diseño de Dios para todo el universo. La resurrección de Cristo se considera el acontecimiento fundamental de este plan, una victoria sobre el pecado y la muerte que no solo transforma las vidas individuales sino que también trae consigo la restauración final de toda la creación. El cumplimiento de las Escrituras se destaca como la hoja de ruta para este proceso, con la vida de Cristo cumpliendo profecías antiguas y su resurrección anunciando la transformación definitiva del mundo. En este sentido, el libro presenta la salvación como una historia cósmica en la que cada individuo desempeña un papel.

Este tema se resume en la declaración: "Dios mismo vino y viene a la historia humana en la persona de Jesucristo en ti, en mí, en todos". El libro enfatiza que la encarnación de Dios en Jesucristo no es un evento singular confinado al pasado. En cambio, sugiere que Dios entra continuamente en la historia humana a través de las vidas de los creyentes, haciendo de la salvación una realidad viva. Cristo habita dentro de cada persona, y su presencia en sus vidas es un reflejo del alcance universal del plan redentor de Dios. Esta idea subraya que la salvación no se limita a ningún individuo o grupo, sino que es un don ofrecido a toda la humanidad.

El libro también destaca el aspecto escatológico de la salvación, sugiriendo que la transformación personal que experimentan los creyentes es un anticipo de la transformación final de toda la creación. A medida que cada persona es transformada por la presencia de Cristo en ella, el mundo mismo se acerca a su redención final. Esta interconexión entre el individuo y el plan cósmico es central para la descripción que el libro hace de la salvación. Implica que el crecimiento espiritual de cada creyente contribuye a la narrativa más amplia de la restauración del mundo por parte de Dios, siendo la resurrección de Cristo el punto de inflexión que garantiza esta victoria final.

Resurrección - Una confesión de fe presenta el plan de salvación de Dios como algo personal y universal. Cada creyente debe experimentar personalmente a Cristo dentro de sí mismo para comprender y participar en la salvación, pero esta transformación individual es parte de una historia cósmica más grande que abarca el cumplimiento de las Escrituras y la resurrección de Cristo. El libro transmite que el plan redentor de Dios se está desarrollando dentro de cada persona mientras impulsa simultáneamente la restauración definitiva de toda la creación, haciendo de la salvación una realidad tanto íntima como global.

CONCLUSIÓN

Resumen De Los Principios Clave:
Resurrección, Neville Goddard presenta el poder transformador de la imaginación como la piedra angular de la realidad personal. Sus enseñanzas sugieren que, al utilizar la imaginación para "vivir en el final" -o para sentir que los propios deseos ya se han cumplido-, las personas pueden liberar su poder creativo inherente y dar forma a sus vidas en consecuencia. Las ideas de Goddard refuerzan el concepto de que el despertar espiritual procede del interior, y que cada persona posee el poder divino de manifestar sus deseos.

PLAN DE ACCIÓN PARA LA APLICACIÓN DIARIA

1. Defina sus deseos:

- Empieza por aclarar tus objetivos y deseos más profundos. Escríbalos en tiempo presente, como si ya fueran realidad (por ejemplo, "Tengo éxito en mi carrera", "Tengo una salud vibrante").

2. Práctica de visualización diaria:

- Dedica unos minutos al día a la visualización. Siéntese en silencio, cierre los ojos e imagine vívidamente las sensaciones, imágenes y sonidos de sus deseos como si fueran su realidad actual. Comprométete plenamente con la experiencia, sintiendo la alegría, la paz o la emoción de su cumplimiento.

3. Ensayo mental antes de dormir:

- Todas las noches, antes de dormir, vuelva a su visualización. Esto concuerda con la técnica de Goddard del "estado similar al sueño", un estado relajado en el que la mente subconsciente es más receptiva a las sugerencias. Siente las emociones profundamente y visualiza como si estuvieras viviendo esa realidad ahora.

4. Afirme su visión:

- A lo largo del día, recuérdese a sí mismo los deseos que ha elegido utilizando afirmaciones en tiempo presente. Por ejemplo, diga: "Estoy viviendo una vida de abundancia" o "Me siento feliz y realizado", para reforzar las creencias positivas.

5. Practique la gratitud:

- Integra la gratitud en tu rutina diaria reconociendo las pequeñas victorias o señales positivas que se alinean con tus deseos. Esto te mantiene centrado en la abundancia y no en la carencia.

6. Observar y ajustar:

- A medida que avanza por estos pasos, tome nota de los cambios en sus percepciones, relaciones y circunstancias. Reflexiona periódicamente y ajusta tus visualizaciones o afirmaciones según sea necesario para mantener tus intenciones alineadas.

GLOSARIO DE CONCEPTOS CLAVE

1. La imaginación:
- El poder creativo dentro de cada individuo que da forma a la realidad. Goddard considera que la imaginación es divina e insta a los lectores a imaginar sus deseos como si ya fueran reales.

2. Vivir en el fin:
- Práctica mental en la que se asume la sensación de un deseo ya cumplido. Al "vivir" en este estado futuro ahora, uno se alinea con la realidad que quiere manifestar.

3. Estado similar al sueño (SATS):
- Un estado mental relajado y somnoliento entre la vigilia y el sueño. Goddard enseña que este estado es ideal para impresionar a la mente subconsciente con nuevas ideas, como los deseos visualizados.

4. Sentimiento:
- Según Goddard, los sentimientos son la forma más potente de influir en la mente subconsciente. Sentir la realidad de los propios deseos como verdaderos hace que se manifiesten.

5. Asunción:

- El acto de aceptar mentalmente que un resultado deseado ya es real. Al "asumir" que algo es cierto, los individuos influyen en sus pensamientos, acciones y realidad externa en consecuencia.

6. Despertar:

- Estado de realización en el que una persona comprende su naturaleza divina y su poder creador. Para Goddard, el despertar implica reconocer que el verdadero yo de uno es "Cristo interior": el espíritu imaginativo y creativo.

7. Mente subconsciente:

- La parte de la mente que almacena creencias e influye en las acciones y percepciones. Goddard hace hincapié en impresionar al subconsciente con suposiciones positivas para manifestar los resultados deseados.

8. La Ley:

- El principio que afirma que el estado interior de uno (pensamientos, creencias, emociones) determina la realidad exterior. Esta ley es fundamental para las enseñanzas de Goddard sobre la creación de la propia vida a través de la imaginación.

9. Cristo interior:

- Simboliza el yo divino y creativo que hay en cada persona. Goddard interpreta a "Cristo" no como una figura externa, sino como el poder de la imaginación y la creación dentro de cada individuo.

10. Manifestación:

- Proceso por el que una creencia o suposición interna se materializa en el mundo externo. A través de la imaginación y la suposición, los individuos pueden manifestar deseos en la realidad.

LECTURAS RECOMENDADAS

1. "Mero cristianismo" de CS Lewis
- Esta obra clásica explora la fe cristiana desde una perspectiva filosófica y teológica. Lewis analiza los conceptos de la ley moral, la naturaleza de Cristo y lo que significa vivir la fe cristiana, incluidos los temas de la resurrección y la salvación.

2. "La resurrección del Hijo de Dios" de NT Wright
- NT Wright ofrece un análisis exhaustivo de las perspectivas históricas y teológicas sobre la resurrección de Jesús. Este libro aborda en profundidad las Sagradas Escrituras y las creencias cristianas primitivas, y establece paralelismos con algunos de los temas sobre la resurrección de Cristo que se encuentran en su documento.

3. "La imitación de Cristo" de Tomás de Kempis
- Escrito como una guía para el crecimiento espiritual, este libro enfatiza la importancia de internalizar las enseñanzas de Cristo e imitar su vida, lo que resuena con los temas de Cristo morando dentro del creyente como se expresa en el libro.

4. "La teología mística de la Iglesia oriental" de Vladimir Lossky
- Este libro ofrece una perspectiva ortodoxa oriental sobre la unión mística con Dios, analizando la idea de la teosis (divinización), que se alinea con el enfoque del

libro sobre la unión con Cristo y el proceso transformador de la resurrección.

5. "Confesiones" de San Agustín
- Las reflexiones personales de Agustín sobre la fe, el pecado y la redención comparten similitudes con el testimonio personal y la experiencia interna de las Escrituras resaltadas en su documento.

6. "Jesús y la victoria de Dios" de NT Wright
- Otro trabajo de Wright, este libro explora el papel de Jesús en el cumplimiento de la historia de Israel y cómo Su resurrección representa la victoria final de Dios sobre la muerte y el pecado, un tema clave también explorado en el libro.

CRONOLOGÍA DE LA VIDA DE NEVILLE GODDARD

1905:

- Neville Lancelot Goddard nació el 19 de febrero en St. Michael, Barbados, en el seno de una familia británica. Es el cuarto hijo de una familia de nueve varones y una niña.

1922:

- A los 17 años, Neville se muda a la ciudad de Nueva York para estudiar teatro. Trabaja como actor y bailarín en el escenario y en películas mudas, actuando en Broadway, en películas mudas y haciendo giras por Europa con una compañía de danza.

1923:

- Neville se casa brevemente con Mildred Mary Hughes. Tienen un hijo, Joseph Goddard, nacido en 1924.

1929:

- Neville marca este año como el inicio de su viaje místico. Recuerda una experiencia espiritual: "Fui llevado en espíritu al Consejo Divino donde los dioses conversan".

1931:

- Después de años de estudiar lo oculto, Neville conoce a su maestro Abdullah, un hombre negro con turbante y de ascendencia judía. Trabajan juntos durante cinco años en la ciudad de Nueva York.

1938:
- Neville comienza su propia carrera como docente y conferenciante, compartiendo sus conocimientos místicos.

1939:
- Neville publica su primer libro, A Tus Órdenes.

1940-1941:
- Neville conoce a su segunda esposa, Catherine Willa Van Schumus .

1941:
- Neville publica su segundo libro, Tu Fe es tu Fortuna.

1942:
- Neville se casa con Catherine y tienen una hija, Victoria, más tarde ese mismo año. También publica Libertad Para Todos: una aplicación práctica de la Biblia.

1942-1943:
- De noviembre a marzo, Neville sirve en el ejército y luego regresa a Greenwich Village, Nueva York. En 1943, aparece un perfil suyo en The New Yorker.

1944:
- Neville publica Sentir es el Secreto.

1945:

- Neville publica Plegaria: El Arte De Creer.

1946:

- Neville conoce al filósofo Israel Regardie , quien lo perfila en El romance de la metafísica. También publica un panfleto, La Búsqueda.

1948:

- Neville imparte sus famosas conferencias "Cinco Lecciones" en Los Ángeles, que luego se publican póstumamente como libro.

1949:

- Neville publica Fuera de este Mundo: Pensar en cuarta dimensión.

1952:

- Neville publica El Poder de la Conciencia.

1954:

- Neville publica Imaginación Despierta.

1955:

- Neville comienza a presentar programas de radio y televisión en Los Ángeles.

1956:

- Neville publica Semilla y cosecha: Una visión mística de las Escrituras.

1959:

- Neville experimenta un profundo evento místico, describiéndolo como un renacimiento de su propio cráneo, seguido de otras experiencias místicas.

1960:

- Neville lanza un álbum de palabra hablada.

1961:

- Neville publica La Ley y La Promesa. El capítulo final, "La Promesa", detalla la experiencia mística de 1959 y las experiencias posteriores.

1964:

- Neville publica el panfleto Rompe la Cáscara: Una Lección En Las Escrituras.

1966:

- Neville publica su último libro completo, Resurrección, que describe su visión mística y el potencial de la humanidad para realizar su naturaleza divina.

1972:

- Neville muere el 1 de octubre a los 67 años en West Hollywood, al parecer de un ataque cardíaco. Está enterrado en la parcela familiar en St. Michael, Barbados.

ACERCA DE LOS AUTORES

Neville Goddard
Fue un pensador místico profundo e influyente del siglo XX. Sus enseñanzas se centraban en el concepto radical y empoderador de que la imaginación humana es la verdadera manifestación de Dios. Creía que todo en la vida de una persona, ya sea positivo o negativo, es resultado de sus pensamientos, sentimientos y estados imaginativos.

La infancia de Neville estuvo marcada por su crianza en Barbados, donde nació en 1905 en una familia anglicana. A los 17 años, se mudó a la ciudad de Nueva York en 1922 para dedicarse al teatro. Aunque alcanzó el éxito como actor y bailarín, actuando en Broadway y en películas mudas, su vida dio un giro radical a principios de la década de 1930. Dejó atrás su carrera de actor para sumergirse en el estudio de la metafísica.

Bajo la influencia de su mentor, Abdullah, una misteriosa figura de ascendencia africana y judía, Neville comenzó a explorar principios espirituales profundos que combinaban el cristianismo con el misticismo. Se embarcó en una carrera como escritor y conferenciante, utilizando su carisma e intelecto para dar charlas impactantes en iglesias metafísicas, centros espirituales y lugares públicos. Sus enseñanzas se centraban especialmente en el poder del pensamiento y la imaginación como la fuerza creativa suprema.

A pesar de no alcanzar una fama generalizada durante su vida, la influencia de Neville ha crecido significativamente desde su muerte en 1972. Sus obras, en particular sus libros como Sentir Es El Secreto, El Poder De La Conciencia y La Ley y La Promesa, ahora se consideran precursores de las ideas modernas sobre la mecánica cuántica y el poder de la conciencia para dar forma a la realidad.

Las ideas de Neville también han inspirado a pensadores y autores espirituales contemporáneos, entre ellos Carlos Castaneda y Joseph Murphy, quienes desarrollaron temas similares en sus propias obras. Hoy en día, sus enseñanzas son ampliamente consideradas como atemporales y siguen atrayendo a un público cada vez mayor que busca aprovechar el potencial creativo de la mente.

Imaginatio Divina Editorial

Creemos que el poder de la creación reside en cada uno de nosotros. Inspirados por las profundas enseñanzas de Neville Goddard, promovemos la transformación de la vida a través del poder de la imaginación y la conciencia. Nuestra editorial se dedica a publicar obras que revelan la capacidad innata de los individuos para dar forma a su realidad a través del pensamiento consciente y la fe interior. Cada libro, cada palabra, tiene como objetivo guiar a los lectores hacia el descubrimiento de su naturaleza divina y su poder creativo, en línea con la filosofía de que "la imaginación es Dios en acción".